LES PÊCHEURS,

COMÉDIE

EN UN ACTE,

MÊLÉE D'ARIETTES;

Repréfentée fur le Théâtre des Comédiens Italiens
ordinaires du Roi. le 7 Juin 1766.

La Mufique eft de M. F. J. GOSSEC.

Le prix eft de 24 fols, avec la Mufique.

A PARIS,

Chez VENTE, Libraire, Montagne
Sainte-Genevieve.

M DCC LXVI.

'Avec Approbation & Permiffion.

ACTEURS.

JACQUES, *Pêcheur, Maître d'un Parc de filets.*   M. Audinot

SIMONE, *femme de Jacques.*   Mde. Berard.

SUZETTE, *fille de Jacques & de Simone.*   Mde. Laruette.

BERNARD, *cru Pêcheur, Amant de Suzette.*   M. Trial.

LE BAILLI, *Amoureux de Suzette.*   M. Laruette.

AMBROISE, *beau-frere de Jacques.*   M. Desbrosses.

La Scène représente le bord de la mer. On voit dans le fond sur la droite un Parc de filets ; sur la gauche au fond quelques rochers. Les côtés sont garnis de quelques cabanes de Pêcheurs & d'arb...

LES PÊCHEURS,

COMÉDIE.

SCÈNE PREMIÈRE.

JACQUES, *seul.*

ARIETTE.

BERNARD est, ma foi, bon garçon;
 Il en tient pour ma fille;
Le gaillard a parbleu raison;
 Elle est vive & gentille;
Je crois qu'il voudroit sans façon
 Entrer dans ma famille....
  Eh pourquoi non?
  Son vin est bon,
 Et je le crois bon drille.

A ij

Le foir revenant de l'ouvrage,
Je trouverai dans mon ménage
Ces deux enfans toujours contens,
Se careffans, batifolans ;
Ç'a m'rappellera mon jeune âge.

Bernard eft ma foi bon garçon , &c.

Suzette me paroit auffi le voir de bon œil.
Allons , j'en vais parler tout de fuite à ma femme
pour bacler vite cette affaire . . . . . La v'la fort
à-propos. Bon jour Simone.

SCENE SECONDE.

JACQUES, SIMONE.

SIMONE.

Bon jour, Jacques, je te cherchois.

JACQUES.

Je te cherchois auffi.

SIMONE.

Tant mieux ; j'ai à te parler d'affaires.

JACQUES.

Moi de même.

SIMONE.

ARIETTE.

Suzette a déjà dix-huit ans ;
Une fillette de cet âge
Compte, en rêvant, tous les inftans
Qu'on tarde à la mettre en ménage.

JACQUES.
Je m'en rapporte bien à toi.
J'y pensois de même à part moi ;
Simone, il faut la satisfaire :

JACQUES.	SIMONE.
J'ai dans la tête son affaire :	J'ai dans la tête son affaire :
C'est un fort bon garçon ;	C'est un brave garçon
Il a tout l'air d'un bon luron.	Qui la mettra sur le bon ton.
Son vin est ma foi bon.	Son coffre-fort est bon,
Va, va, laisse-moi faire,	Va, va, laisse-moi faire.
Dans neuf mois je serai grand-père.	
	Pour cela, je n'en réponds pa
Oh que si ! c'est un fier compère,	
Et notre fille a des appas.	
	N'importe, je n'en réponds pas.
Tu rêves, ma femme; à son âge	Je pense Jacques qu'à son âge
On a tous les ans des enfans.	On a rarement des enfans,
Ils en auront douze, je gage ;	Ils n'en auront pas un, je gage;
Il n'a pas encore trente ans.	Il a passé ses soixante ans.

JACQUES.
Bernard a passé soixante ans!
SIMONE.
Le Bailli n'a pas trente ans!
JACQUES.
Qui te parle du Bailli ?
SIMONE.
Que viens-tu me chanter de Bernard?

A iij

JACQUES.

C'est lui que je donne à ma fille.

SIMONE.

Fi donc! c'est le Bailli qu'elle épousera;

JACQUES.

Je veux, te dis-je......

SIMONE.

Je veux aussi....

JACQUES.

Suzette est ma fille peut-être....;

SIMONE.

Elle est la mienne, & c'est sûr.

JACQUES.

Encore un coup, Bernard est son fait.

SIMONE.

Son fait! Son fait! Le beau mariage vraiment!

JACQUES.

Et pourquoi non? Voyons,

SIMONE.

Une fille comme Suzette, qui a eu l'éducation d'une Princesse; que la Dame du Château sa marreine a élevée comme sa fille!

JACQUES.

Je sais bien tout cela.

SIMONE.

Qui a cinquante bons écus de rente que cette brave Dame lui a laissés en mourant, épouser un aventurier!

JACQUES.

Bernard !

SIMONE.

Oui , un aventurier ; depuis trois mois qu'il demeure dans le Village, sait-on d'où il vient, ni qui il est ?

JACQUES.

Je sais que c'est un bon vivant , qu'il aime notre fille , & cela me suffit.

SIMONE.

Tiens, Jacques, on ne se cache pas quand on n'a rien à se reprocher.

JACQUES.

C'est vrai..... Mais, pour Bernard.....

SIMONE.
ARIETTE.

Jacques, tu sens bien qu'à ma fille
Monsieur le Bailli convient mieux.
Vois comme pour notre famille
  Ce mariage est glorieux ! (Fin.)

Dès qu'on aura quelque procès,
Près de nous on viendra se rendre,
Pour obtenir un bon succès :
Je pense déjà les entendre :
» Dame Simone , à votre gendre
» Parlez un peu de mon procès ;
» Je ne sais pas comment m'y prendre ;
» Pour avoir chez lui quelque accès.
Moi, je réponds : Restez en paix ,
J'en parlerai, je vous promets.

Jacques, tu sens bien qu'à ma fille, &c.

        A iv

JACQUES.

Oui, je vois bien que du côté de la vanité......

SIMONE.

Et les présens, Jacques ; les présens qu'on nous fera pour avoir notre protection.

JACQUES.

J'entends bien..... c'est plus solide.... mais notre femme, c'est qu'il est bien vieux.

SIMONE.

Bon! qu'est-ce que ça fait? Suzette est sage, Dieu merci.

JACQUES.

Je le crois, mais j'ai peur que le Bailli ne l'en dégoûte.

SIMONE.

Si on écoutoit ces belles peurs-là, on ne feroit pas la moitié des mariages.

JACQUES.

Mais, ma femme, il n'y a rien qui presse si fort : notre frere Ambroise doit venir aujour-d'hui, nous déciderons cela, quand il sera arrivé.

SIMONE.

Pourquoi donc l'attendre ? avons-nous be-foin de son avis pour marier notre fille ?

SCENE III.

JACQUES, SIMONE, SUZETTE.

SUZETTE.

AH! mon pere, le pauvre Bernard....

JACQUES.

Eh bien ?

SUZETTE.

Il a couru risque de se noyer.

SIMONE.

Le grand malheur !

SUZETTE.

Il étoit monté sur le petit rocher auprès du grand galet, pour y jetter ses lignes ; le pied lui a glissé, il est tombé dans la mer : heureusement je l'ai vû, j'y ai couru ; je lui ai tendu la perche de ma ligne, il étoit tems ; il la tiroit d'une force..... J'ai cru qu'il m'entraîneroit avec lui.

SIMONE.

La belle imprudence !

JACQUES.

Après ?

SUZETTE.

Comme je la tenois aussi bien ferme, il s'est enfin sauvé.

JACQUES.

Ah! tant mieux.

SUZETTE.

Mais j'ai bien peur qu'il n'en soit malade.

JACQUES.

Le pauvre garçon!

SUZETTE.

Ah! si vous aviez vu avec quelle tendresse, quelle reconnoissance il me remercioit quand il est revenu à lui!

SIMONE.

Vous n'avez que faire de ses remercimens; vous avez bien autre chose à songer. Monsieur le Bailli vous épouse demain....

SUZETTE.

Demain!

SIMONE.

Oui; demain. Il vous fait cet honneur, & il ne trouve pas bon que vous parliez davantage à ce drôle-là.

JACQUES.

Eh! doucement, Simone, ne peux-tu pas dire ça sans te fâcher?

SIMONE.

C'est que Bernard est un enjôleux qui a surpris son amitié au point qu'elle en raffole, Jacques; elle en raffole.

JACQUES.

Suzette?

SUZETTE.

Oh ! mon père, pouvez-vous penser ?....

SIMONE.

Mais j'y mettrai bon ordre, & je .... tu verras, tu verras.

JACQUES.

Pourquoi gronder ? Suzette est sage, elle entendra raison en la prenant par la douceur.

SIMONE.

Par la douceur soit, par la douceur ; qu'elle obéisse ou bien.... (à Suzette.) Prends garde à toi, si tu me tiens tête. ... Je m'en vais toujours tout préparer chez nous pour recevoir le futur.

SCENE IV.

JACQUES, SUZETTE.

SUZETTE.

Hélas!

JACQUES.

Ah ! çà, ma fille, tu vois bien que ta mere a raison ; ce mariage va nous donner du relief. Mais.... comment ! tu pleures, & ne me réponds point ?

LES PESCHEURS;

SUZETTE.

ARIETTE.

Voulez-vous de Suzette
Faire à jamais le malheur ?
Cet hymen qu'on projette
Désolera mon cœur.　　　　(Fin.)

JACQUES.

Ma fille, tu n'es pas sage :
C'est le premier du Village ;
Il nous fait beaucoup d'honneur.

SUZETTE.

Il est vieux, fourbe & menteur.

JACQUES.

Pour vieux, j'en conviens : mais l'âge
Rend le jugement plus sain.
C'est ce qu'il faut en ménage ;
Nous finirons tout demain.

SUZETTE.	JACQUES.
Voulez-vous de Suzette	Non, ma chere Suzette :
Faire à jamais le malheur ?	Je ne veux que ton bonheur.
Cet hymen qu'on projette	Cet hymen qu'on projette
Désolera mon cœur.	Devroit contenter ton cœur.

SUZETTE.

Que je suis malheureuse !

JACQUES.

Je vois bien que c'est Bernard qui te dégoûte de
ce mariage : je pensois d'abord comme toi, mai
depuis que je sais que c'est un aventurier.....

SUZETTE.

Bernard un aventurier !

JACQUES.

Oui vraiment; demande plûtôt au Bailli; c'est lui qui l'a dit à ta mere.

SUZETTE.

Le méchant homme! Voilà de ses contes; il n'a jamais bien pensé de personne.

JACQUES.

C'est qu'il a roulé dans le grand monde.

SUZETTE.

Eh! mon pere, ne voyez-vous pas que c'est la jalousie qui le fait parler ?

JACQUES.

Quel conte!

SUZETTE.

Il craint que connoissant les bonnes qualités de Bernard vous ne le préfériez à lui.

JACQUES.

Elle me fait pitié.

SUZETTE.

Non, mon pere, non, vous ne me sacrifierez pas à des vues d'intérêt; je vous en supplie.

JACQUES.

(A part.) La friponne m'attendrit.

SUZETTE.

Promettez - moi de ne me point forcer à ce mariage.

JACQUES.

Mais comment faire? J'ai promis à Simone...

SUZETTE.

Retirez votre parole.

JACQUES.

Retirez votre parole.... C'est bien aisé à dire; & puis on n'offense pas impunément un Bailli.

SUZETTE.

Que peut-il nous faire?

JACQUES.

Guere de bien & beaucoup de mal.

SUZETTE.

Eh, mon pere, vous n'avez qu'à tout jetter sur moi. Il ne peut pas m'épouser sans que je dise oui.

JACQUES.

ARIETTE.

Ma femme va faire le diable;
J'aurai du bruit à la maison;
Tu sais comme elle est peu traitable;
Toujours, sans rime & sans raison,
Elle fait carillon.　　　(Fin.)

L'espoir de te rendre grand'-dame
Eu sécret chatouilloit son ame ;
Quelle gloire en effet pour nous
D'entendre chacun qui raisonne,
Et qui dit : la fille à Simone
A notre Bailli pour époux !

Ma femme va faire le diable, &c.

SUZETTE.

Vous estimez Bernard.

JACQUES.

Oh ! oui.

SUZETTE.

Vous m'aimez.

JACQUES.

De tout mon cœur ; mais, c'est que j'ai peur
de fâcher t âmere.

SUZETTE.

Eh ! mon pere, n'êtes-vous pas le maître ?

JACQUES.

C'est vrai, je le suis. .... Ah ! si nous savions
qui est Bernard......

SUZETTE.

Eh mais, il est aimable, & je l'aime : est-ce
que cela ne suffit pas ?

JACQUES.

Mais de quel pays est-il ? d'où vient-il ? car
personne ici ne le connoit, & quand on lui parle
de ça, il bat la campagne.

SUZETTE.

Oh! nous le saurons; je le lui demanderai, il me le dira sans doute.

JACQUES.

Tu le crois.....Allons, en ce cas-là, rassure-toi, je vais arranger tout cela.

SUZETTE.

Ah ! mon cher pere.

JACQUES.

Ne t'inquiete pas; laisse-moi faire, te dis-je;

SUZETTE.

Vous vous en-allez ?

JACQUES.

Oui, je vais chez notre collecteur pour une affaire, une chicanne qu'il me fait, & je reviens tout de suite ; car je veux être ici quand mon beau-frere viendra;

SUZETTE.

Mon oncle Ambroise? Est-ce qu'il doit venir?

JACQUES.

Oui, je l'attends. Toi, pendant ce tems-là, aie l'œil sur nos filets.

SUZETTE.

Oui, mon pere, oui ; mais songez à ce que vous m'avez promis.

SCENE

SCENE V.

SUZETTE, *seule.*

ARIETTE.

DOis-je espérer, ou dois-je craindre ?
　　Ciel ! je frémis d'effroi.
Hélas ! que je serois à plaindre ;
　　Et quel chagrin pour moi ;
Si le Bailli m'alloit contraindre
　　A lui donner ma foi !

Mais mon Amant plaît à mon pere ;
　　Espoir vain & flatteur !
Mon pere est foible, il craint ma mere ;
　　Elle aime la grandeur.
Hélas ! il la laissera faire :
　　Quel tourment pour mon cœur !

Dois-je espérer, ou dois-je craindre ? &c.

Mais je l'apperçois, cachons - nous, qu'il ne
me voye pas.

B

SCENE VI.

LE BAILLI; SUZETTE, *à l'écart.*

LE BAILLI.

ARIETTE.

DÈs que je pense à Suzette,
Je me sens tout rajeuni,
Oh ! la gentille poulette !
Je vais être son mari.
Oui, c'est une affaire faite ;
Ce soir tout sera fini.

Mais ce Bernard m'inquiette ;
C'est un terrible garçon :
Toujours le drôle la guette,
Il lui parle sans façon :
Quel malheur si la pauvrette
Alloit mordre à l'hameçon !

Mais ne pourrois-je pas, moi, premier Magistrat du lieu, le faire bannir comme vagabond & sans aveu ?.... Oui.... Mais il faudroit qu'il y eût quelque plainte contre lui..... Il n'y a qu'à en faire porter..... Allons, je vais arranger tout cela avec notre Procureur Fiscal. (*Il veut sortir & apperçoit Suzette qui se cachoit.*) Ah ! je vois ma Maîtresse ; abordons-la.

SUZETTE, *à part.*

Je ne peux pas l'éviter ; il faut bien l'entendre.

LE BAILLI.

ARIETTE.

Le Bailli. Allegretto.

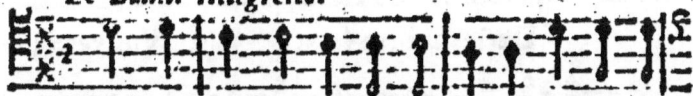

L'Age en-vain fembloit me défendre De compa-

roir au tribu-nal d'A-mour : Pour mon

cœur que vous rendez tendre, Je viens don-

ner, Je viens don-ner, Je viens don-ner re-

quête en cet-te Cours Di-fant que,

comme il est no-toire Que fans nul.

B ij

le somma- ti- on, Exploit, signi-fi- ca- ti- on,

D'acte ni titre éxe-cu- toire, Vos yeux, par

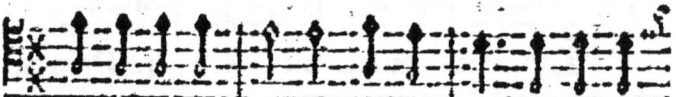

u-sur-pa-ti - on, Ont de ce cœur, sans aucun

provi- soire, Ont de ce cœur, Ont de ce

cœur, Ont de ce cœur Pris en-tié-re posseffi-

on, Pris en-tiere possef- fi- on, Demain

par devant l'Hymé- née, Vous de-vez être

condam- née A fai-re resti- tu- ti- on;

Ou du moins à donner le vôtre, Si mieux vous

plait de garder l'autre; Vous laif- fant en-

cer l'opti- on, Vous laif- fant encor l'opti- on.

Vous ne répondez rien!

SUZETTE.

Je n'entends rien, Monfieur, à la chicanne.

LE BAILLI.

Il n'y en a point là-dedans, ma petite Reine;
Je vous aime, j'ai l'aveu de votre mere & nous
nous marierons demain.

SUZETTE.

Vous avez, dites-vous, Monfieur, le confen-
tement de ma mere; mais celui de mon pere, le
mien, à qui les avez-vous demandés ?

LE BAILLI.

Je n'ai pas peur qu'on me les refufe.

SUZETTE.

Vous ne manquez pas de préfomption, à ce
qu'il me paroît.

B iij

LE BAILLI.

Vous n'y fongez pas ; je fuis riche ; ma charge eft belle, & je vous avantage du tiers de mon bien.

SUZETTE.

ARIETTE.

Andante.

De la ri- chef- fe, L'é- clat vain

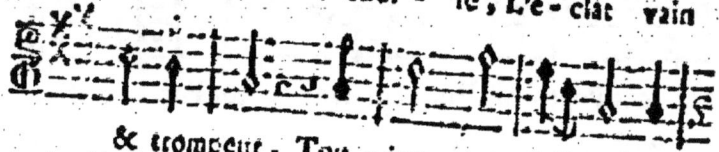

& trompeur, Tou- jours nous laif-fe De

l'en- n-i dans le cœur: C'eft la ten-

dref- fe Qui pro- duit le bon-

heur, C'eft la ten- dref- fe Qui pro-

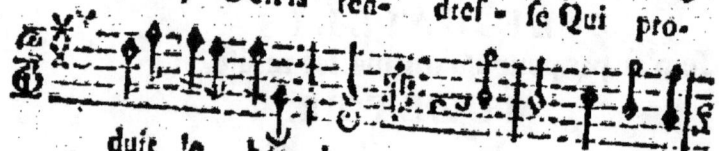

duit le bon- heur: Voyez dans ce boc-

ca- ge, Ces petits oi - feaux s'em-pref-fer,

Écou- tez leur ra - ma - - - .

- - - ge, Regar- dez - les fe

ca- ref - fer : Ils i - gno- rent l'u-

fa - ge, De cet or par vous fi van-

té ; L'a-mour qui les en - ga-ge, Suf-

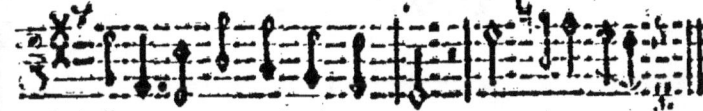

fit à leur fé-li-ci té. De la richeffe.

B iv

LE BAILLI.

Mais, ma poule, la richeſſe n'empêche pas
qu'on ſoit tendre, je vous aimerai tant ; je vous
careſſerai ; je vous flatterai, vous dorloterai :
hem, hem, hem. (*Il touſſe.*)

SUZETTE, *le repouſſant.*

Ne vous échauſſez pas tant, cela pourroit vous
rendre malade.

DUO.

LE BAILLI.	SUZETTE.
La tendreſſe me conſume,	Vous avez un mauvais rhume,
(*Il touſe.*)	
Quand je ſerai votre époux,	Prenez garde à cette toux,
Que notre ſort ſera doux !	Elle me fait peur pour vous,
(*Il touſſe.*)	Il faut à votre âge,
	Que l'on ſe ménage :
Maudite toux, j'enrage ;	
	Le moindre mal eſt ſérieux,
	Quand on eſt vieux.
Mais je ne ſuis pas ſi vieux.	

La tendreſſe me conſume, &c.

LE BAILLI.

Je crois ma foi qu'elle ſe moque de moi.

SCENE VII.

BERNARD, LE BAILLI, SUZETTE.

BERNARD, *arrivant le long du rivage,*
la ligne sur l'épaule.

J'Apperçois le Bailli avec ma chere Suzette ;
écoutons.

SUZETTE.

Tenez, Monsieur le Bailli, je vous crois
honnête-homme, vous ne voudriez pas faire
mon malheur.

LE BAILLI.

Non sans doute, je ne veux que vous rendre
heureuse.

SUZETTE.

Oh ! vous n'en viendriez jamais à bout.

LE BAILLI.

Pourquoi donc, ma Reine.

SUZETTE.

Pour l'être en ménage, il faut s'aimer.

LE BAILLI.

Aussi je vous adore.

SUZETTE.

Mais moi je ne vous aime pas.

LE BAILLI.

Bon ! cela viendra avec le tems.

SUZETTE.

Oh non, jamais.

LE BAILLI.

Comment? Suzette.....

SUZETTE.

Pardonnez, c'est que je suis franche.

LE BAILLI.

C'est que vous aimez Bernard.

SUZETTE.

Je ne dis pas cela ; mais....

LE BAILLI.

J'empêcherai bien que cela n'ait des suites ; c'est un vaurien, un drôle qui se cache pour ses crimes ; & je vais prendre des mesures.

BERNARD.

Doucement, Monsieur le Bailli ; de quel droit me décriez-vous ?

SUZETTE.

Ah, c'est Bernard !

LE BAILLI.

Je te trouve plaisant d'interroger un homme comme moi.

BERNARD.

Un homme comme vous ne vaut pas mieux qu'un autre, quand il se conduit mal.

TRIO.

BERNARD.	LE BAILLI.	SUZETTE.
	Quelle infolence !	
En fa préfence,	Il m'ofe repliquer.	
Il faut vous expli-		De la prudence ;
quer,		Ne va pas le
En diligence	En ma préfence	choquer,
Il faut vous expli-	M'ofer ainfi bruf-	De la prudence,
quer.	quer !	Et crains de lui
		manquer.
	Un homme de ma	Ah Monfieur le
	forte !	Bailli ;
Le courroux me		
tranfporte.		
	Un Juge, un Ma-	Eh ! Bernard, mon
	giftrat ,	ami ...
Le bel homme	Maître - ès - Arts ,	Finiffez ce débat.
d'état !	Avocat ,	Ah , Bernard, fois
Un Bailli de vil-	Recevoir cet ou-	plus fage.
lage !	trage !	
	Va, je te ferai voir	Je fuis au défef-
	Jufqu'où va mon	poir,
C'eft ce qu'il faudra	pouvoir.	
voir.		
En fa préfence, &c.	Quelle infolence ,	De la prudence,&c
	&c.	

LE BAILLI.

Adieu , Suzette , adieu ; nous verrons fi Dame Simone fait tenir fa parole.

SCENE VIII.

BERNARD, SUZETTE.

SUZETTE.

IL fort furieux; ah! Bernard, qu'avez-vous fait?

BERNARD.

Comment! il ofe me noircir devant vous; &
vous voulez que je ne dife mot?

SUZETTE.

Il va prevenir ma mere contre moi; elle veut
que je l'époufe.

BERNARD.

Lui!

SUZETTE.

Hélas! oui, pour que je fois grande Dame.

BERNARD.

Ah *Suzette*, que deviendra l'amour que vous
m'avez juré. Que deviendrai-je moi-même.....
Ne m'avez-vous ce matin fauvé la vie que pour
me rendre malheureux?

COMÉDIE
DUO.

SUZETTE.   BERNARD.

Hélas! je ne sçai comment
faire,

Pouvez-vous trahir votre foi!

Puis-je résister à ma mere!

Ah votre cœur n'est plus
à moi!

Cruel! osez-vous bien le dire!

Unissez-vous donc à mes
vœux,

Mais contre nous quand
tout conspire:

Aimez - moi, nous serons
heureux.

ENSEMBLE.

Oui, cher Bernard, } je vous aime;
Oui, Suzette,
Et ma tendresse extrême
Ne peut s'éteindre jamais.
Vous plaire est mon bien suprême;
Et vous voir m'aimer de même
Est le seul de mes souhaits.

BERNARD.
Si votre pere est pour nous, nous viendrons
à bout de déterminer Dame Simone.

SUZETTE.
Ne nous en flattons pas; ce méchant Bailli;

lui a dit qu'on ne favoit qui vous étiez. Il ve
traite d'aventurier.

BERNARD.

Le croyez-vous, Suzette ?

SUZETTE.

Non fans doute : mais mon pere quoiqu'il
vous aime, ne fait qu'en penfer, & il voulcit
conclure mon mariage avec le Bailli.

BERNARD.

Avec le Bailli ! ah je cours chez vous pour
le détourner de ce deffein.

SUZETTE.

Vous ne le trouverez pas, il eft allé chez le
Collecteur, mais il ne doit pas tarder.

BERNARD.

Mais pendant ce tems là ...

SUZETTE.

Ne craignez rien, mon pere m'a promis de
ne rien conclure fans vous voir : il voudroit
feulement fçavoir qui vous êtes.

BERNARD.

Ah ! fi ce n'eft que cela, c'eft bien aifé.... je
le lui dirai....

SUZETTE.

Et ne pourriez-vous pas me le dire à moi ?

BERNARD.

Pardonnez-moi, mais c'eft que.....

SUZETTE.

Vous m'allarmez.....

BERNARD.

Puis-je compter ?....

SUZETTE.

Vous êtes sûr de mon cœur & vous doutez de ma discrétion ?

BERNARD.

Non, je n'en doute plus, voici la vérité. Le nom que je porte est un nom emprunté.

SUZETTE.

Quoi ! ce n'est pas le votre ?

BERNARD.

Non....je suis d'un village à six lieues d'ici.

SUZETTE.

A six lieues ? Ce n'est pas bien loin.

BERNARD.

J'étois nouvellement revenu de l'armée, on faisoit la fête du Seigneur, & tous les paysans dansoient, un des domestiques du Château voulut faire avec moi l'entendu.... je fus un peu prompt, je vous l'avoue.

SUZETTE.

Eh mais, il ne faut pas être comme cela....
Tout à l'heure, encore, avec Monsieur le Bailli.....

BERNARD.

C'est vrai, mais un premier mouvement, enfin....
Cela vint au point que pour éviter des suites fâcheuses.....

SUZETTE.

Ah Ciel ! Eh bien?

BERNARD.

J'ai quitté le pays & je me suis réfugié ici;

SUZETTE.

Oh! vous avez bien fait.

BERNARD.

Oui, Suzette; puisque j'ai le plaisir de vous y
voir & le bonheur de vous plaire.

SUZETTE.

Pourquoi n'avoir pas dit cela à mon pere?

BERNARD.

Votre mere l'auroit sçu bientot après, & vous
savez qu'elle ne m'aime pas.

SUZETTE.

Cela changera; allez, faites lui bien des amitiés
quand vous la verrez; je m'en vais toujours
prévenir mon pere, afin qu'il soit plus hardi pour
refuser le Bailli.

BERNARD.

Recommandez lui bien le secret.

SUZETTE.

Oh! je n'ai garde.... j'y vais; prenez garde à nos
filets: Adieu.

BERNARD.

J'en aurai soin; adieu, ma chere Suzette;

❦

SCENE

SCENE X

BERNARD *seul.*

QU'ELLE est charmante! & que je suis heureux.

ARIETTE.

Je sens naître dans mon ame
Un espoir enchanteur;
L'objet de ma tendre flame
Partage mon ardeur.
Je n'en veux pas davantage,
J'ai trouvé sur ce rivage
Tout ce qui flatte mon cœur.
Aimer, être aimé de même,
Oui c'est là le bien suprême,
Oui c'est là le vrai bonheur.

Mais la mer baisse. Jettons nos lignes avant que le poisson se retire avec la marée.

C

SCENE XI.

AMBROISE, JACQUES, BERNARD
dans les filets.

JACQUES.

Pargué, beau-frere, tu t'es trouvé là fort à propos, pour faire entendre raison à ce Collecteur. Je n'en pouvois pas venir à bout.

AMBROISE.

C'étoit pourtant bien clair.

JACQUES.

Eh bien, oui, mais avec tout ça, de la maniere dont il parloit, je voyois bien qu'il avoit tort, & j'étois obligé de lui céder.

AMBROISE.

Cela s'arrive assez souvent, beau-frere. A propos de ça, comment va le ménage? Comment se porte Simone!

JACQUES.

Ah! ah! toujours un peu diablesse. Bonne femme par fois; mais... têtue... têtue.

AMBROISE.

Et la niece?

JACQUES.

Ah charmante. Je la marie aujourd'hui, beau-frere.

AMBROISE.

Oui-dà! & à qui la donnes-tu!

JACQUES.

Devine.

AMBROISE.

Mais encor ?

JACQUES.

As-tu quelque affaire où tu aies besoin de ma protection? Aux autres je la vendrai, à toi je la donnerai pour rien.

AMBROISE.

Je crois que tu deviens fou.

JACQUES, *gravement.*

Non, je deviens le beau-pere de notre Bailli.

AMBROISE.

De votre Bailli?

JACQUES.

Oui.

AMBROISE.

Je parie que c'eʃt ta femme qui a manigancé cette affaire là.

JACQUES.

Tout juʃte…car…j'avois quaʃi promis ma fille à un autre; mais, comme dit fort bien notre femme, cette alliance là nous procurera de l'honneur & des préʃens.

AMBROISE.

Et tu donnes là dedans !…. Pauvre bête ! tu n'as pas aʃʃez d'une femme qui te gouverne; il faut encore que tu te donnes un maitre.

JACQUES.

Un maître ! nous verrons. Je prétends bien toujours l'être.

AMBROISE.

Oui, comme de coutume.

JACQUES, *voyant venir Bernard, dit à Ambroise:*
Viens par ici...., viens.

BERNARD, *venant du côté de la mer.*
Bonjour, Pere Jacques, la journée sera bonne.
(*Jacques ne fait pas semblant de l'entendre.*)
Bonjour, Monsieur Jacques. ..... Bonjour
Monsieur Jacques.

JACQUES, *avec humeur.*
Bonjour, Monsieur Bernard.

AMBROISE, *à Jacques.*
Ne pourrois-tu pas parler au monde plus
poliment? (*Il se retourne & reconnoit Bernard.*)
Ah! ah! vous êtes dans ce pays ci.

BERNARD, *un peu niaisement.*
Bonjour, Monsieur Ambroise (*bas.*) Paix....,
ne dites mot.

JACQUES, *gravement.*
Tenez, Monsieur Bernard, quand on voit que
le monde est en affaires, on ne vient pas comme
ça les interrompre.

AMBROISE, *contrefaisant Jacques.*
C'est vrai, vous avez tort, Monsieur Lubin.

JACQUES, *un peu étonné.*
Hein!

BERNARD, *à Ambroise.*
Paix donc.

AMBROISE, *hauffant le ton.*
Eh! pallangué, tu te moques de moi, reprends ton nom, & t'en reviens chez nous.

BERNARD, *bas.*
Je n'ofe pas, vous favez bien.....

AMBROISE.
Bon! tout eft arrangé, tu n'as plus rien à craindre.

JACQUES, *à Ambroife.*
Vous le connoiffez donc.

AMBROISE.
Lui! C'eft Lubin, le neveu de défunt Thomas.

JACQUES.
Du compere Thomas?

AMBROISE.
Le bon homme eft mort fans enfans, Lubin à hérité de fon bien & nous lui avons fait paffer fa ferme.

JACQUES, *à demi-voix.*
C'eft juftement à lui que j'avois promis ma fille.

AMBROISE.
Eh bien, faut la lui donner.

BERNARD.
Ah, Pere Ambroife, que vous êtes un brave homme.

JACQUES, *myftérieufement à Ambroife.*
Mais cela ne fe peut plus, je t'en ai dit les raifons.

C iij

38 LES PESCHEURS,

AMBROISE, *avec autorité.*

Tais-toi, tu ne sais ce que tu dis. Voilà un jeune garçon nouvellement établi. Il a une bonne ferme ; il ne lui faut plus qu'une bonne femme, ta fille est d'âge. C'est un bon parti pour elle, faut en profiter. Si ta femme veut parler, nous la ferons taire. Si ton Bailli raisonne, nous l'enverrons au diable.

JACQUES, *déterminé.*

Hé bien, voilà qui est dit. Touchez-là, Monsieur Lubin : je vous le dis en présence du beau-frere que voilà : vous serez mon gendre.

BERNARD.

Ah ! quel bonheur !.... Où est Suzette ?

JACQUES.

Elle est allée quelque part se désoler tout à son aise. Mais va lui annoncer cette nouvelle, ça lui remettra la joie au cœur.

BERNARD.

Vous le voulez bien ?.... Ah ! mon cher Ambroise. (*Lui serrant la main.*)

AMBROISE.

Va donc, va donc.

BERNARD.

J'y cours, j'y cours. [*Il rencontre, en sortant, Simone & lui dit en riant :*] Sans adieu, Dame Simone.

SCENE XI.

AMBROISE, JACQUES, SIMONE.

JACQUES.

ÉCOUTE, ma femme, écoute?

SIMONE.

Hé bien! qu'est-ce qu'il y a de nouveau?

JACQUES.

Hé bien, dis donc quelque chose au beau-frere?

SIMONE, *froidement.*

Votre servante, Monsieur Ambroise.... Ah ça, Jacques?

JACQUES.

Ah ça, notre femme.....

SIMONE.

Faut aller de ce pas chez le Tabellion.

JACQUES.

Oui.

SIMONE.

Lui dire de faire promptement le contrat de mariage de notre fille.

JACQUES.

Oui.

Civ

SIMONE.

Parce qu'elle épouse demain Monsieur le Bailli.

JACQUES, *fort.*

Non.

SIMONE.

Non !

JACQUES, *foiblement.*

Non.

SIMONE, *acariâtre.*

Qu'est-ce qu'ça veut donc dire ?

AMBROISE, *brusquement.*

Ça veut dire, Non ; est-ce que vous n'enten-
dez pas ?

SIMONE, *aigrement.*

On ne parle pas à vous, Monsieur notre
beau-frere.

AMBROISE.

Hé bien, moi je vous parle, & je vous dis
que votre mari a raison, & que l'autre gendre
vous convient mieux.

SIMONE, *très-vivement.*

Fi donc ! un coureux de pays, un vaurien que
personne ne connoit, qui n'a pas un pouce de
terre dans le canton . . . . Et un gendre comme
ça nous convient mieux ! parce que mon beau-
frere le dit ; parce que mon mari est une bête
qui ne sait pas connoître son avantage . . . . &
il faut que ce soit une femme . . . . Oui, une
femme qui fasse seule les affaires . . . . Hé

bien, je vous fignifie que le Bailli aura ma
fille.... que je l'ai entrepris, & que cela fera.

AMBROISE, à Jacques.
Hé bien? Tu ne faurois lui répondre ?

JACQUES.
Tiens, elle m'étourdit quand elle parle. Ré-
ponds-lui toi-même, elle t'écoutera mieux.

AMBROISE, avec autorité.
Écoutez, Madame Simone, s'il ne s'agit que de
crier bien fort pour avoir raifon,...., je crierai
auffi fort que vous, je vous en avertis,.... & je
vous dirai d'abord que Lubin eft un bon garçon.

SIMONE, plus haut.
Je ne vous parle pas de ça...... je parle de
Bernard.

AMBROISE, foutenant fon ton.
Et moi je vous parle de Lubin, qui a pris ici
le nom de Bernard, & je vous dis que ce n'eft
point un coureux de pays..... Il n'eft forti de
chez nous que pour de bonnes raifons....

JACQUES, s'appuyant fur ce que dit
Ambroife.
Oui.

AMBROISE.
Et il a de bonnes terres à lui, fans compter la
ferme de défunt Thomas, que nous lui avons
fait tomber.....

JACQUES.
Sans doute.

AMBROISE.

Et voilà le gendre qu'il vous faut, & non pas un Bailli qui vous fera enrager....

JACQUES.

A merveilles.

AMBROISE.

Et une femme comme vous feroit mieux de se mêler de sa quenouille ; au lieu de troubler son ménage par son entêtement.

SIMONE, *animée de colere.*

Vous êtes deux..... Vous êtes deux contre moi ; mais patience, voilà Monsieur le Bailli. Nous verrons si vous serez les plus forts.

SCENE XII.

AMBROISE, JACQUES, SIMONE ; LE BAILLI.

LE BAILLI.

HÉ bien, Dame Simone ?.... Où en sommes-nous? Votre mari se met-il enfin à la raison?

SIMONE.

Venez, venez, Monsieur le Bailli. Venez parler à ces deux hommes-là ; car pour moi je suis à bout.

LE BAILLI.

Laissez-moi faire..... [*A Jacques.*] Maître Jacques, la résistance que vous m'opposez m'é-

COMÉDIE. 45

tonne d'autant plus, qu'à bien examiner les cir-
conſtances de cette affaire, & les avantages qui en
réſultent pour vous, il me ſemble que vous au-
riez dû être le premier à faire inſtance pour en
preſſer la concluſion.

JACQUES, *embarraſſé.*

Monſieur le Bailli..... ſauf votre reſpect....
je vous dirai....

AMBROISE, *à Jacques.*

Allons, ferme.

JACQUES.

Que véritablement.... notre fille.

AMBROISE, *ſoufflant Jacques.*

Eſt trop jeune pour vous.

JACQUES.

D'autant que...... quand vous nous l'avez
demandée.....

AMBROISE, *fort.*

Elle étoit promiſe à un autre.

JACQUES.

Au moyen de ce que.... votre recherche.

AMBROISE, *du même ton.*

Eſt venue trop tard....

JACQUES.

Joint à ce que Suzette.....

AMBROISE, *du même ton.*

Ne veut pas de vous.

SIMONE, *impatientée.*

Vous voyez, Monſieur le Bailli, vous voyez!

LE BAILLI.

Oui, je vois que c'eſt un complot, & je n'en
ſuis pas la dupe..... Tout étoit d'accord tantôt; à

préfent tout eft rompu.... Dame Simone & fon mari m'ont joué..... Voilà le fait, voilà le fait.

SIMONE.

Mais, Monfieur le Bailli, ce n'eft pas ma faute.

LE BAILLI.

Je vois clair, vous dis-je, je vois clair.

ARIETTE.

Vous me manquez de parole,
C'eft très-bien fait, mais fort bien fait,
J'approuve fort votre projet,
Et chacun fait ce qui lui plaît ;
Mais ce qui me confole,
J'ai des moyens de me venger,
Que je faurai bien ménager :
Vous apprendrez à m'outrager.

SIMONE. AMBROISE & JACQUES. LE BAILLI.

SIMONE.	AMBROISE & JACQUES.	LE BAILLI.
De quoi vous fâchez-vous ? Parlez à mon époux.	Nous nous moquons de vous, Modérez ce courroux.	Oui, oui, de mon courroux, Vous fentirez les coups.

LE BAILLI.

Dans la douce efpérance,
Dont vous avez bercé mon cœur,
Pour célébrer avec honneur
Ce jour fi cher à mon ardeur ;
J'ai fait de la dépenfe,
Refte à favoir qui la paira :
Un bon procès me vengera,
Je vous tiens là, je vous tiens là.

LE BAILLI.	JACQUES , AMBROISE et SIMONE.
Il faut qu'un bon procès	Un procès! un procès!
Me rende tous mes frais :	Pour lui rendre ses frais ,
Oui, oui, un bon procès	De vos méchants projets ,
Me rendra tous mes frais.	Je crains peu les effets.

LE BAILLI, *avec un certain phlegme.*

Point de colere , je suis de sang-froid, moi; je ne me fâche pas. Si je n'ai pas le plaisir d'épouser votre fille, j'aurai celui de vous ruiner.

JACQUES.

De nous ruiner , femme ?

AMBROISE, *ferme.*

Je vous en défie, Monsieur le Bailli.

SIMONE.

Mon cher beau-frere , je vous en prie , parlez-lui..... Nous ruiner !

SCENE derniere.

AMBROISE, JACQUES, SIMONE, LE BAILLI; BERNARD, & SUZETTE arrivent.

BERNARD, à Suzette.

OUI, ma Suzette, votre pere fait tout ; & c'est lui qui veut.....

JACQUES, aux Amans.

Allez-vous en, allez-vous-en ; nous irons vous trouver.

SIMONE.

Non, non, qu'ils viennent. Approchez, mes enfáns, approchez. (S'addressant au Bailli & à Bernard.) Je ne vous connoissois ni l'un ni l'autre, & l'apparence m'avoit trompée. A présent que je sais qui vous êtes tous les deux ; je me détermine...... Oui, Monsieur le Bailli ; oui, quand vous devriez nous ruiner cent fois pour une, je donne ma fille à celui qu'elle aime, & devant vous, afin que vous en soyiez témoin.

AMBROISE.

Et vous avez raison.

JACQUES.

Et j'y donne mon consentement.

BERNARD, embrassant Simone.

Et je vous remercie, ma chere maman.

CHŒUR.

JACQUES et SIMONE.

Prends, de la main de {ton pere,
ta mere,
Ton jeune Amant pour époux;
Que votre ardeur soit sincere;
Ne craignez point ce jaloux;
Mes enfans, unissez-vous.

AMBROISE.

Ne craignez point sa colère,
Mes chers enfans, aimez-vous?
Vous, Bailli, dans cette affaire,
Croyez-m'en & filez doux,
On se moqueroit de vous.

LUBIN.

Quand je vous obtiens, ma chere,
Que mon fort me paroît doux:
Que notre ardeur soit sincère,
Nous braverons son courroux.
Dans les plaisirs les plus doux.

SUZETTE.

Quand j'obéis à mon pere,
Mon devoir me paroît doux;
Je craindrai peu la colere
D'un Bailli vieux & jaloux,
Si Lubin est mon époux,

LE BAILLI.

Il suffit, laissez-moi faire ?
Je veux vous apprendre à tous
Ce que peut, dans sa colere,
Un Bailli qu'on rend jaloux ;
Je me vengerai de vous.

FIN.

APPROBATION.

J'AI lû, par ordre de Monseigneur le Vice-Chancelier, les *Pêcheurs*, Comédie ; & je crois qu'on peut en permettre l'impression. A Paris, ce 7 Juin 1766.

MARIN.

www.ingramcontent.com/pod-product-compliance
Lightning Source LLC
LaVergne TN
LVHW052149080426
835511LV00009B/1759